BEI GRIN MACHT SICH IHR WISSEN BEZAHLT

AF149180

- Wir veröffentlichen Ihre Hausarbeit, Bachelor- und Masterarbeit

- Ihr eigenes eBook und Buch - weltweit in allen wichtigen Shops

- Verdienen Sie an jedem Verkauf

Jetzt bei www.GRIN.com hochladen und kostenlos publizieren

Mathias Kunze, Kadir Yilmaz

Defizitbegrenzende Haushaltsregeln und nationaler Stabilitätspakt in Deutschland

GRIN Verlag

Bibliografische Information der Deutschen Nationalbibliothek:

Die Deutsche Bibliothek verzeichnet diese Publikation in der Deutschen National-
bibliografie; detaillierte bibliografische Daten sind im Internet über http://dnb.d-
nb.de/ abrufbar.

Dieses Werk sowie alle darin enthaltenen einzelnen Beiträge und Abbildungen
sind urheberrechtlich geschützt. Jede Verwertung, die nicht ausdrücklich vom
Urheberrechtsschutz zugelassen ist, bedarf der vorherigen Zustimmung des Verla-
ges. Das gilt insbesondere für Vervielfältigungen, Bearbeitungen, Übersetzungen,
Mikroverfilmungen, Auswertungen durch Datenbanken und für die Einspeicherung
und Verarbeitung in elektronische Systeme. Alle Rechte, auch die des auszugsweisen
Nachdrucks, der fotomechanischen Wiedergabe (einschließlich Mikrokopie) sowie
der Auswertung durch Datenbanken oder ähnliche Einrichtungen, vorbehalten.

Impressum:

Copyright © 2008 GRIN Verlag GmbH
Druck und Bindung: Books on Demand GmbH, Norderstedt Germany
ISBN: 978-3-640-11196-1

Dieses Buch bei GRIN:

http://www.grin.com/de/e-book/94141/defizitbegrenzende-haushaltsregeln-und-
nationaler-stabilitaetspakt-in-deutschland

GRIN - Your knowledge has value

Der GRIN Verlag publiziert seit 1998 wissenschaftliche Arbeiten von Studenten, Hochschullehrern und anderen Akademikern als eBook und gedrucktes Buch. Die Verlagswebsite www.grin.com ist die ideale Plattform zur Veröffentlichung von Hausarbeiten, Abschlussarbeiten, wissenschaftlichen Aufsätzen, Dissertationen und Fachbüchern.

Besuchen Sie uns im Internet:

http://www.grin.com/

http://www.facebook.com/grincom

http://www.twitter.com/grin_com

Defizitbegrenzende Haushaltsregeln und nationaler Stabilitätspakt in Deutschland

Inhaltsverzeichnis

1. Der Stabilitäts- und Wachstumspakt der Europäischen Union als Grundlage des nationalen Stabilitätspaktes in Deutschland

Der Stabilitäts- und Wachstumspakt der Europäischen Union wurde auf dem EU-Gipfel in Amsterdam durch den Europäischen Rat der Staats- und Regierungschefs aller EU-Staaten am 16. und 17. Juni 1997 beschlossen.[1] Da durch die europäische Währungsunion eine Zunahme der Verschuldungsanreize für die teilnehmenden Staaten vermutet wurde,[2] lagen die Motive der Einführung eines Stabilitäts- und Wachstumspaktes in der Sicherung der stabilen öffentlichen Finanzen in der Europäischen Währungsunion, welcher die öffentlichen Schuldner disziplinieren und somit die Geldwertstabilität des Euro innerhalb der Europäischen Währungsunion absichern sollte.[3] So wurden die fiskalpolitischen Konvergenzkriterien für den Eintritt in die Europäische Währungsunion als oberste Grenze innerhalb des EG-Vertrages (Artikel 104 EGV) sowie innerhalb des Protokolls über das Verfahren bei einem übermäßigen Defizit etabliert: Das Verhältnis des Defizits zum Bruttoinlandsprodukt darf einen Wert in Höhe von drei Prozent und das Verhältnis des öffentlichen Schuldenstandes zum Bruttoinlandsprodukt darf einen Wert in Höhe von sechzig Prozent nicht überschreiten.[4] Aus diesem Grunde müssen alle Staaten, welche die Euro-Währung führen, im jährlichen Rhythmus Stabilitätsprogramme aufstellen, in welchen die mittelfristige Budgetpolitik erörtert und auf die Budgetkonsolidierung ausgerichtet werden soll.[5] Durch diese multilaterale Überwachung soll ein übermäßiges Defizit möglichst verhindert sowie die Überwachung und Koordinierung der Wirtschaftspolitik gefördert werden.[6] Insofern ein Mitgliedsstaat der Europäischen Union seine Defizitgrenze überschreitet, wird das Verfahren bei übermäßigem Defizit auf der Ebene der Europäischen Union eingeleitet. In

---

[1] Vgl. Europäisches Informationszentrum Niedersachsen (2008), S. 1.
[2] Die Verknüpfung von Geldwertstabilität und Verschuldung ergibt sich aus der Gefahr negativer Einflüsse oberflächlicher Finanzpolitik auf die supranationale Geldpolitik der Europäischen Zentralbank. Vgl. hierzu im Einzelnen Sutter (1997), S. 2.
[3] Vgl. Sutter (1997), S. 2.
[4] Vgl. Singer (2004), S. 1.
[5] Vgl. Sutter (1997), S. 3.
[6] Vgl. Singer (2004), S. 1 f.

diesem Fall fordert der Europäische Rat das entsprechende EU-Mitgliedsland auf, das Defizit umgehend Maßnahmen zur Beendigung des bestehenden Defizits zu ergreifen. Der Europäische Rat kontrolliert die Umsetzung zur Beseitigung des Defizits im jeweiligen Staat und ändert den Beschluss, sobald das Defizit beseitigt wurde.[7] Ergreift das betreffende Land keine Maßnahmen, so kann der Europäische Rat verschiedene Sanktionen verhängen.[8]

2. Deutschland im Spiegel des Stabilitäts- und Wachstumspaktes der Europäischen Union

Auch die Bundesrepublik Deutschland ist an den Stabilitäts- und Wachstumspakt gebunden. Aufgrund der Tatsache, dass Deutschland den Stabilitätspakt seit dem Jahre 2002 kontinuierlich verletzt, wurde im Januar 2003 durch die Europäische Union gegen Deutschland ein Defizitverfahren eröffnet, welches im Dezember 2004 zunächst stillgelegt wurde. Im Jahre 2005 musste dann immer noch ein Defizit in Höhe von 3,3 Prozent verzeichnet werden. Zu diesem Zeitpunkt erklärte die Bundesregierung gegenüber der Europäischen Union, dass die den Referenzwert für das Folgejahr wahrscheinlich auch nicht einhalten könne.[9] Im Februar 2006 befürwortete dann die Europäische Kommission ein verschärftes Defizitverfahren gegen Deutschland, wobei im Gegenzug auch eine verlängerte Frist bis zum Jahre 2007 zur Senkung des Defizits eingeräumt wurde. Die Bundesregierung bestätigte die Verschärfung der eingeleiteten Bedingungen und kündigte entsprechende Sparmaßnahmen an.[10] Am 05. Juli 2006 übergab die Bundesregierung der Europäischen Kommission in Brüssel einen Maßnahmenbericht zur Senkung des Defizits auf 2,5 Prozent bis zum Jahre

---

[7] Hierbei handelt es sich um das so genannte EDP (= Excessive Deficit Procedure). Vgl. Europäische Kommission (2008), Online im Internet: http://ec.europa.eu/economy_ finance/sg_pact_fiscal_policy/fiscal_policy554_de.htm, 06.05.2008, 22.21 Uhr.
[8] Vgl. Singer (2004), S. 1.
[9] Vgl. Bundesverband der Deutschen Industrie (2005), S. 1.
[10] Vgl. o. V. (2006a), S. 1, Online im Internet: http://www.spiegel.de/wirtschaft/0,1518,403767, 00.html, 06.05.2008, 22.29 Uhr.

2007. Die Europäische Kommission evaluierte diesen Bericht positiv.[11] Im vierten Quartal des Jahres 2006 betrug das Verhältnis des Defizits zum Bruttoinlandsprodukt insgesamt immer noch 3,7 Prozent und somit 0,7 Prozentpunkte zuviel.[12] Aufgrund der positiven Tendenzen wurde das Verfahren gegen Deutschland im Oktober 2006 durch die EU-Finanzminister endgültig eingestellt.[13] Für das Jahr 2007 konnte schließlich ein Verhältnis des Defizits zum Bruttoinlandsprodukt mit insgesamt 2,5 Prozent konstatiert werden.[14] Jedoch wurde durch die Europäische Kommission unterstrichen, dass die Bundesregierung weiterhin strikte Sparmaßnahmen durchsetzen und ihre Staatsverschuldung dringend senken muss.[15]

3. Der nationale Stabilitätspakt in Deutschland

3.1. Die gegenwärtige Haushaltspolitik in Deutschland

In Deutschland besteht eine Diskrepanz zwischen den eingegangenen Verpflichtungen im Rahmen des Stabilitäts- und Wachstumspaktes der Europäischen Union sowie den nationalen Gegebenheiten. Dieser Zustand basiert auf der Tatsache, dass die Kreditaufnahmen des Bundes und auch der einzelnen Länder durch nationales Recht nicht begrenzt sind, wodurch die Defizite unkontrolliert entstehen. Zwar haben sich Bund, Länder und Gemeinden verpflichtet, die europäischen Vorgaben zu erfüllen, jedoch erfolgte bis zum heutigen Tage keine konsequente Umsetzung.[16] Dies impliziert den Status der gegenwärtigen Staatsverschuldung. Zum 31. Dezember 2007 betrug die Höhe der Staatsschulden insgesamt 1.498 Milliarden Euro.[17] Der Bund der

---

[11] Vgl. Bundesverband der Deutschen Industrie (2005), S. 1.
[12] Vgl. Bundesministerium für Wirtschaft und Technologie (2008), S. 1.
[13] Vgl. o. V. (2006b), S. 1, Online im Internet: http://www.tagesspiegel.de/wirtschaft/Wirtschaft-EU-Finanzminister-Defizitverfahren;art115,2313473, 07.05.2008, 08.32 Uhr.
[14] Vgl. Bundesministerium für Wirtschaft und Technologie (2008), S. 1.
[15] Vgl. o. V. (2006c), S. 1, Online im Internet: http://www2.abendblatt.de/daten/2006/10/11/622984.html, 07.05.2008, 08.39 Uhr.
[16] Vgl. Deutsche Bundesbank (2005), S. 34.
[17] Vgl. Bund der Steuerzahler Deutschland e. V. (2008), Anhang: Entwicklung der Staatsverschuldung von 1950 bis 2007, Online im Internet: http://www.steuerzahler.de/webcom/show_article.php/_c-43/_lkm-24/i.html, 07.05.2008, 17.30 Uhr.

5

Steuerzahler Deutschland e. V. prognostiziert ein Ansteigen der Staatsschulden bis zum Ende des Jahres 2008 auf 1.504 Milliarden Euro. Auf dieses Defizit entfallen allein 62 Prozent auf den Bund, 33 Prozent auf die Länder und 5 Prozent auf die Gemeinden.[18] Durch diesen hohen Verschuldungsgrad muss die Bundesrepublik Deutschland hohe Zinsen zahlen. So wird jeder siebente Euro der Steuereinnahmen für die Bewältigung der Zinslast ausgegeben, was impliziert, dass die gesamte Steuerlast um ein Siebentel niedriger sein könnte, insofern die Bundesrepublik Deutschland ihren Staatshaushalt besser führen würde.[19] Obendrein wächst die Staatsverschuldung schneller als die Volkswirtschaft: Zwischen den Jahren 1991 und 2005 stieg das Bruttoinlandsprodukt um 53 Prozent, dagegen jedoch die Staatsverschuldung um 155 Prozent. Generell ist die Staatsverschuldung nur gestiegen, es wurden nie Schulden getilgt, sondern nur umgeschuldet beziehungsweise neue Schulden aufgenommen. Einen besonderen Einfluss auf die hohe Staatsverschuldung nahmen obendrein noch politische Ereignisse wie die Wiedervereinigung Deutschlands und die Ölkrise.[20]

Die grundlegenden Ursachen der Staatsverschuldung sind in der falschen Finanzpolitik der Bundesregierung zu suchen, da mehr Geld ausgegeben statt eingenommen wird. Ferner werden die aufgenommenen Schulden seit mehreren Jahrzehnten nicht getilgt, wodurch ein Zinseszinseffekt entsteht. Obendrein erhalten viele Personen ihr Einkommen vom Staat, zum Beispiel die Schlüsselgruppe der Berufspolitiker und Ministerialbeamten, die Angestellten und Beamten des öffentlichen Dienstes oder die Sozialhilfeempfänger.[21] Jedoch können die Schwächen in der Finanzpolitik auch beim Bürger selbst gesucht werden. Die Bürger unterschätzen in der Regel die wachsende Bedrohung und vertrauen in diesen Aspekten leichtsinnig der Bundesregierung.[22] So muss berücksichtigt werden, dass durch eine ungebremste Staatsverschuldung der

---

[18] Vgl. Bund der Steuerzahler Deutschland e. V. (2008), S. 1, Online im Internet: http://www.steuerzahler.de/webcom/show_article.php/_c-43/_lkm-24/i.html, 07.05.2008, 17.30 Uhr.
[19] Vgl. Internetpräsenz: http://www.staatsverschuldung.de/hoehe.htm, 07.05.2008, 17.50 Uhr.
[20] Vgl. Internetpräsenz: http://www.staatsverschuldung.de/vergang.htm, 07.05.2008, 17.52 Uhr.
[21] Vgl. Internetpräsenz: http://www.staatsverschuldung.de/ursach.htm, 07.05.2008, 17.58 Uhr.
[22] Vgl. Internetpräsenz: http://www.staatsverschuldung.de/ursach2.htm, 07.05.2008, 18.02 Uhr.

Staat nach innen und nach außen geschwächt werden und somit Reformstau entstehen kann sowie Finanz-, Wirtschafts- und schließlich Staatskrisen ausbrechen können.[23]

3.2. Ansätze zur Begrenzung der staatlichen Neuverschuldung im Kontext des deutschen Stabilitätsprogramms

Hinsichtlich der Begrenzung der staatlichen Neuverschuldung lassen sich in Anlehnung der verschiedenen Sichtweisen unterschiedliche Ansätze identifizieren. So expliziert der Bund der Steuerzahler Deutschland e. V., eindeutige und zwingende Obergrenzen für die Staatsverschuldung einzuführen, da Steuererhöhungen keine umfassende Lösung darstellen, da die Bürger bereits zum gegenwärtigen Zeitpunkt diesbezüglich überbelastet sind. Dagegen sollte sich die Bundesregierung um eine Senkung der Staatsausgaben bemühen und sich in diesem Kontext auf primäre Aufgaben beschränken, zum Beispiel Wahrung der inneren und äußeren Sicherheit, Bildung sowie Schutz natürlicher Lebensgrundlagen. Ebenso sollten nach einer Verwaltungsreform viele öffentliche Aufgaben bürgerfreundlicher, sparsamer und wirtschaftlicher realisiert werden, was mehr Eigenverantwortung der Bürger, weniger Beschäftigte im öffentlichen Dienst sowie höhere Chancen für Aufgaben privater Unternehmen bedeutet, welche gegenwärtig durch den Staat erbracht werden.[24] Eine geeignete Alternative würde in diesem Zusammenhang darstellen, dass die Bundesregierung innerhalb einer genau festgelegten Periode keine weiteren Schulden generiert. Durch diese Maßnahme würde zwar weiter umgeschuldet und der Schuldensaldo weiter erhöht werden, jedoch sich von Jahr zu Jahr minimieren, bis nach der definierten Frist die Gesamtverschuldung bis auf der dann erreichten Höhe eingefroren wird. Durch Einfrieren der Zinslast wird diese nach einem längeren Zeitraum durch das allgemeine Wirtschaftswachstum und durch allgemeine Preissteigerungen

---

[23] Vgl. Internetpräsenz: http://www.staatsverschuldung.de/szenara.htm, 07.05.2008, 18.06 Uhr.
[24] Vgl. Bund der Steuerzahler Deutschland e. V. (2008), S. 3, Online im Internet: http://www.steuerzahler.de/webcom/show_article.php/_c-43/_lkm-24/i.html, 07.05.2008, 17.30 Uhr.

akzeptabel. Insofern die Neuverschuldung innerhalb von vier Jahren auf Null zurückgeführt werden könnte, würden sich die Staatsschulden in Anlehnung an das Bruttoinlandsprodukt innerhalb von 25 Jahren halbieren.[25]

Die Deutsche Bundesbank sieht es als obligat an, dass Bund und Länder für eine konsequente Umsetzung eines ausgeglichenen Haushalts sorgen müssen. Dies würde die verfassungsrechtliche Implementierung eines strukturellen Haushaltsausgleichs einschließen. Eine solche Grundsatzentscheidung würde konkrete Ausführungsbestimmungen voraussetzen. Das Haushaltsgrundsatzgesetz könnte hierfür den geeigneten Regelungsrahmen bilden und damit eine transparente und nachvollziehbare Berücksichtigung der konjunkturellen Einflüsse determiniert werden. Einen wichtigen Bestandteil können fest definierte Obergrenzen für eine nationale Konsolidierungsstrategie bilden. Sie sind jedoch kein Ersatzinstrument für Defizitziele, da die Staatsfinanzen auch von den Einnahmen abhängig sind.[26] Vor dem Hintergrund nachvollziehbarer Regeln ist auch die Transparenz und Öffentlichkeitswirksamkeit der Haushaltsplanungen sowie deren Ergebnisse von zentraler Bedeutung. Durch eine Aufwertung des Finanzplanungsrates können hier Fortschritte erzielt werden. Auch könnte in Analogie zu den europäischen Verpflichtungen erwogen werden, für den Bund und für die Länder individuelle Stabilitätsprogramme zu erstellen, in welchen die laufende Entwicklung unter Bezugnahme zum letzten Jahresergebnis und der mittelfristigen Planungen zu erörtern wäre. Vor dem Hintergrund dieses Zieles würde sich eine grundlegende Finanzverfassungsreform in Deutschland anbieten, welche die Zustimmungserfordernisse des Bundesrates neu regelt und den einzelnen staatlichen Ebenen ihre Aufgaben eindeutiger zuordnet.[27]

Die Bundesregierung betrachtet die Begrenzung der Staatsverschuldung im Kontext mit der Reform verfassungsrechtlicher Regeln und somit der Föderalismusreform in der Bundesrepublik Deutschland. In diesem

---

[25] Vgl. Internetpräsenz: http://www.staatsverschuldung.de/ausweg1.htm, 07.05.2008, 18.09 Uhr.
[26] Vgl. Deutsche Bundesbank (2005), S. 35.
[27] Vgl. Deutsche Bundesbank (2005), S. 37.

Zusammenhang sollen zunächst die Rahmenbedingungen für Wachstum und Beschäftigung weiter verbessert werden. Dies geht mit einer Reform der Unternehmensbesteuerung einher, welches als Maßnahmen unter anderem die Senkung des Körperschaftssteuersatzes von ehemals 25 Prozent auf 15 Prozent, die Senkung des Gewerbesteuersatzes von ehemals 5 Prozent auf 3,5 Prozent sowie dem Wegfall der Betriebsausgabenabzugsfähigkeit der Gewerbesteuer enthält. Ebenso entfällt bei der Gewerbesteuer die bisherige Hinzurechnung der Dauerschuldzinsen in Höhe von fünfzig Prozent. Dagegen werden bei der Ermittlung des Gewerbeertrags sämtliche Zinsen sowie Finanzierungselemente aus Mieten, Pachten, Leasingraten und Lizenzen in Höhe von 25 Prozent hinzugerechnet. Hierbei findet ein Freibetrag in Höhe von 100.000,00 Berücksichtigung.[28] Ferner können bilanzierende Personenunternehmen mittels einer Thesaurierungspräferenz nicht entnommene Gewinne mit einer Gesamtbelastung in Höhe von 29,8 Prozent versteuern. Durch die Einführung einer Zinsschranke wird die Gewinnverlagerung ins Ausland erschwert.[29] Hinsichtlich der strukturellen Konsolidierung des Haushaltes muss der Bundeshaushalt die Qualität seiner Einnahmeseite verbessern. Eine Stabilisierung bewirkte die zum 01. Januar 2007 um drei Prozentpunkte angehobene Umsatzsteuer, welche analog auch zu einer Senkung der Arbeitslosenversicherung führte. Obendrein leistet der Abbau von Subventionen einen essenziellen Beitrag zur Konsolidierung des Bundeshaushaltes.[30] Dagegen müssen die staatlichen Ausgaben effektiver und effizienter gestaltet werden. Hier kann eine Reform des Haushalts- und Rechnungswesens des Bundes Kompensation schaffen, indem die Erfassung des Ressourcenverbrauchs und das Vermögens nachhaltig verbessert wird, die Haushaltssteuerung mit Fokussierung auf die Ergebnisse statt auf den Mitteleinsatz ermöglicht wird, ein effizientes Top-Down-Verfahren im Sinne einer effizienteren Haushaltsaufteilung eingeführt wird, der organisatorische und administrative Aufwand flach gehalten wird sowie das Kosten-Nutzen-Verhältnis

---

[28] Vgl. Merz / Arnold (2007), S. 1 ff., Online im Internet: http://www.merz-arnold-wuepper.de/maw/intern/pdf/Unternehmensteuerreform_2008_Erster_Ueberblick.pdf, 07.05.2008, 11.12 Uhr.
[29] Vgl. Bundesministerium der Finanzen (2007), S. 10 f.
[30] Vgl. Bundesministerium der Finanzen (2007), S. 12.

in einem optimalen Zusammenhang stehen.[31] Ebenso müssen die Reformen auf dem Arbeitsmarkt vorangetrieben werden. Zum 01. Januar 2008 wurde zwar der Beitragssatz der Arbeitslosenversicherung auf 3,3 Prozent gesenkt, was zu einer weiteren nachhaltigen Senkung der Lohnnebenkosten beitrug. Weitere Maßnahmen würden in der Verlängerung des Arbeitslosengeldes für ältere Arbeitslose um sechs Monate mit einhergehenden verstärkten Eingliederungsbemühungen liegen. Insgesamt kann aus heutiger Sicht sichergestellt werden, dass die Bundesagentur für Arbeit bis zum Jahre 2011 keine Zuschüsse aus dem Bundeshaushalt benötigt, dadurch Pensionsrückstellungen aufbauen und ihre Aufgaben gemäß ihrem Auftrag erfüllen kann.[32] Ebenso lassen sich in den sozialen Sicherungssystemen Ansätze zur Begrenzung der Staatsverschuldung identifizieren. So wurde bereits mit dem Rentenanpassungsgesetz vom 20. April 2007 die schrittweise Anhebung des Rentenalters von 65 auf 67 Jahre ab dem Jahre 2012 beschlossen. Durch die Anhebung der Altersgrenze wird der Beitragssatz zur Rentenversicherung analog um 0,2 Prozent bis zum Jahre 2020 und um 0,5 Prozent bis zum Jahre 2030 gesenkt. Dies soll zu einer langfristigen Stabilisierung des Beitragssatzes in Höhe von 21,9 Prozent zur Rentenversicherung bis zum Jahre 2030 führen. Obendrein wird durch die Rentenanpassungen ein weiterer Beitrag zur Dämpfung des Anstieges der öffentlichen Rentenausgaben geleistet. In Korrelation mit den Arbeitsmarktreformen kann das Erwerbspotenzial erhöht und damit das Wirtschaftswachstum langfristig positiv beeinflusst werden. Ferner setzt die Bundesregierung im Bereich der privaten und betrieblichen Altersvorsorge Maßnahmen um, welche zu einem höheren Verbreitungsgrad der zusätzlichen Altersvorsorge führen sollen. Die Bundesregierung hat deshalb über den 31. Dezember 2008 bereits die dauerhafte Fortführung der Beitragsfreiheit für Entgeltumwandlungen zur betrieblichen Altersvorsorge beschlossen. Bei Riester-Versicherungen ist obendrein die Kinderzulage bereits ab 01. Januar 2008 auf 300,00 Euro erhöht worden. Hinsichtlich der gesetzlichen Krankenversicherungen wird ab dem 01. Januar 2009 ein einheitlicher

---

[31] Vgl. Bundesministerium der Finanzen (2007), S. 13.
[32] Vgl. Bundesministerium der Finanzen (2007), S. 15.

Beitragssatz durch die Bundesregierung eingeführt, wodurch der Wettbewerb um Beitragszahler statt um Risiken gestärkt wird. In den privaten Kassen wird der Wettbewerb zwischen den privaten Krankenkassen durch die Portabilität von Altersrückstellungen intensiviert. Ebenso gilt ab 2009 für alle Bürger die Krankenversicherungspflicht in Deutschland.[33]

4. Schlussbetrachtung

Die Motivation des Stabilitäts- und Wachstumspaktes der Europäischen Union liegt in der Sicherung der öffentlichen Finanzen der Europäischen Währungsunion, welcher die Stabilität des Geldes innerhalb der Europäischen Währungsunion absichern soll. Er besagt, dass das Verhältnis des Defizits zum Bruttoinlandsprodukt einen Wert in Höhe von drei Prozent und das Verhältnis des öffentlichen Schuldenstandes zum Bruttoinlandsprodukt einen Wert in Höhe von sechzig Prozent nicht überschreiten darf. Auf Grund der Tatsache, dass die Bundesrepublik Deutschland diese Kriterien seit dem Jahre 2002 kontinuierlich verletzte, leitete die Europäische Kommission ein Defizitverfahren gegen Deutschland ein, worauf die Bundesregierung umgehend entsprechende Maßnahmen ergriff. Zwar wurde das Verfahren gegen Deutschland im Oktober 2006 aufgrund positiver Entwicklungen eingestellt, jedoch zeigten die Ausführungen der gegenwärtigen Haushaltspolitik Deutschlands, dass die Bundesregierung in den nächsten Jahren umgehend weitere Sparmaßnahmen einleiten und realisieren muss. Hierzu wurden verschiedene Ansätze aus verschiedenen Perspektiven vorgestellt, so unter anderem die Senkung der Staatsausgaben, keine weitere Generierung von Schulden, Schaffung eines ausgeglichenen Haushalts, Durchsetzung einer nationalen Konsolidierungsstrategie im wirtschaftlichen und politischen Kontext. Für künftige Handlungen muss jedoch strikt beachtet werden, eine Verpflichtung zu strukturell weitgehend ausgeglichenen Haushalten fester zu verankern, die Eigenverantwortung der Gebietskörperschaften zu erhöhen und die

---

[33] Vgl. Bundesministerium der Finanzen (2007), S. 16 f.

Verknüpfungen zwischen staatlichen Einnahmen und Ausgaben transparenter zu verdeutlichen.

Literaturverzeichnis

Bund der Steuerzahler Deutschland e. V. (2008): Die öffentliche Verschuldung, Online im Internet: http://www.steuerzahler.de/webcom/show_article.php/_c-43/_lkm-24/i.html, 07.05.2008, 17.30 Uhr.

Bundesministerium der Finanzen (2007): Deutsches Stabilitätsprogramm, Berlin, 2007.

Bundesministerium für Wirtschaft und Technologie (2008): Ausgewählte Daten zur wirtschaftlichen Lage, Ausgabe April, 2008.

Bundesverband der Deutschen Industrie (2005): Stabilitäts- und Wachstumspakt – Das Defizitverfahren gegen Deutschland, 2005.

Deutsche Bundesbank (2005): Defizitbegrenzende Haushaltsregeln und nationaler Stabilitätspakt in Deutschland, Bericht für den Monat April 2005 der Deutschen Bundesbank, 2005.

Europäisches Informationszentrum Niedersachsen (2008): Wachstums- und Stabilitätspakt der EU, Europe Direct-Netzwerk, 2008.

Europäische Kommission (2008): Stabilitäts- und Wachstumspakt, Online im Internet: http://ec.europa.eu/economy_finance/sg_pact_fiscal_policy/fiscal_ policy 554_de.htm, 06.05.2008, 22.21 Uhr.

Internetpräsenz: http://www.staatsverschuldung.de/hoehe.htm, 07.05.2008, 17.50 Uhr.

Internetpräsenz: http://www.staatsverschuldung.de/vergang.htm, 07.05.2008, 17.52 Uhr.

Internetpräsenz: http://www.staatsverschuldung.de/ursach.htm,   07.05.2008,
17.58 Uhr.

Internetpräsenz: http://www.staatsverschuldung.de/ursach2.htm,   07.05.2008,
18.02 Uhr.

Internetpräsenz: http://www.staatsverschuldung.de/szenara.htm,   07.05.2008,
18.06 Uhr.

Internetpräsenz: http://www.staatsverschuldung.de/ausweg1.htm,   07.05.2008,
18.09 Uhr.

Merz,   Siegfried   /   Arnold,   Michael   (2007):   Reform   der
Unternehmensbesteuerung 2008. Ein erster Überblick, Online im Internet:
http://www.merz-arnold-wuepper.de/maw/intern/pdf/ Unternehmensteuerreform
_2008_Erster_Ueberblick.pdf, 07.05.2008, 11.12 Uhr.

o. V. (2006a): EU will Defizitverfahren gegen Deutschland verschärfen, In:
Spiegel   online,   Online   im   Internet: http://www.spiegel.de/wirtschaft/
0,1518,403767,00.html, 06.05.2008, 22.29 Uhr.

o. V. (2006b): Defizitverfahren gegen Deutschland eingestellt, Online im
Internet: http://www.tagesspiegel.de/wirtschaft/Wirtschaft-EU-Finanzminister-
Defizitverfahren;art115,2313473, 07.05.2008, 08.32 Uhr.

o. V. (2006c): EU setzt Defizitverfahren gegen Deutschland aus, Online im
Internet: http://www2.abendblatt.de/daten/2006/10/11/622984.html, 07.05.2008,
08.39 Uhr.

Sutter, Matthias (1997): Zur Glaubwürdigkeit des EWU-Stabilitätspaktes –
Einfache Berechnungen und mehrfache Zweifel, European Integration Online
Papers, Vol. 1, Nr.12, 1997.

Singer, Otto (2004): Der aktuelle Begriff, In: Wissenschaftliche Dienste des Deutschen Bundestages, Nr. 31, 2004.